AF325199

RECUEIL
ABREGÉ
DES REGLEMENS,
CONCERNANT
LES FERMES ROYALES-UNIES.
TOME SEPTIE'ME.

Contenant le Bail de Desboves.

1732. & 1738.

A PARIS,

Chez PIERRE PRAULT, Imprimeur des Fermes du Roy,
Quay de Gêvres, au Paradis.

M. DCC. XXXVII.

AVEC PRIVILEGE DU ROY.

& par écrit dudit Expofant, ou de ceux qui auront droit de lui, à peine de confifcation des Exemplaires contrefaits, de dix mille livres d'amende contre chacun des contrevenans, dont un tiers à Nous, un tiers à l'Hôtel Dieu de Paris, l'autre tiers audit Expofant, & de tous dépens, dommages & intérêts; A la charge que ces prefentes feront enregiftrées tout au long fur le Regiftre de la Communauté des Imprimeurs & Libraires de Paris, dans trois mois de la datte d'icelles; que l'impreffion dudit Recüeil fera faite dans notre Royaume & non ailleurs, & que l'Impetrant fe conformera en tout aux Reglemens de la Librairie, & notamment à celui du 10 Avril 1725, & qu'avant que de l'expofer en vente, le Manufcrit ou Imprimé qui aura fervi de copie à l'Impreffion dudit Recüeil, fera remis dans le même état où l'Approbation y aura été donnée, ès mains de notre très-cher & feal Chevalier Garde des Sceaux de France le Sieur Chauvelin, & qu'il en fera enfuite remis deux Exemplaires dans notre Bibliotheque publique, un dans celle de notre Château du Louvre & un dans celle de notredit très-cher & feal Chevalier Garde des Sceaux de France le Sieur Chauvelin; le tout à peine de nullité des prefentes : Du contenu defquelles vous mandons & enjoignons de faire joüir l'Expofant ou fes ayans caufes, pleinement & paifiblement, fans fouffrir qu'il leur foit fait aucun trouble ou empêchement : Voulons que la copie defdites Prefentes, qui fera imprimée tout au long au commencement ou à la fin dudit Recüeil, foit tenuë pour düément fignifiée, & qu'aux copies collationnées par l'un de nos amés & feaux Confeillers & Secretaires, foy foit ajoûtée comme à l'Original; commandons au premier notre Huiffier ou Sergent, de faire pour l'execution d'icelles tous Actes requis & neceffaires, fans demander autre permiffion, & nonobftant clameur de Haro, Charte Normande & Lettres à ce contraires : Car tel eft notre plaifir. Donné à Verfailles le vingt-feptiéme jour d'Aouft, l'an de Grace mil fept cent trente-trois, & de notre Regne le dix-huitiéme. Par le Roy en fon Confeil.

Signé, S A I N S O N.

Regiftré fur le Regiftre de la Chambre Royale des Libraires & Imprimeurs de Paris, N. 590. F. 592. relativement à l'Acte du douze Septembre prefent mois; regiftré fur le même Regiftre enfuite dudit Privilege; le tout conformément aux anciens Reglemens, confirmés par celuy du 28 Fevrier 1723. A Paris le 15 Septembre 1733.

G. M A R T I N, *Sindic.*

TABLE

DES EDITS, DECLARATIONS,

ARRESTS ET REGLEMENS

Rendus pendant la troisiéme année du Bail
de Me PIERRE CARLIER.

*Commencée le premier Octobre 1728, & finie le dernier
Septembre 1729.*

CONCERNANT LES AYDES, ENTRE'ES,
Pied-Fourché, & Droits y joints, Papier & Parchemin
timbrés, Domaine, Barrage & Poid-le-Roy, Domaines
de Flandres, Marque d'or & d'argent, Marque des Fers,
Impôts & Billots de Bretagne, Droits sur le Poisson,
Droits réünis aux Entrées & sur les Ports, Quais, Halles,
Places & Marchés de la Ville & Fauxbourgs de Paris,
Inspecteurs des Boucheries & des Boissons, Courtiers,
Commissionnaires & Jaugeurs de sutailles, Droits appar-
tenans à la Ville de Paris, à l'Hôpital General, & à l'Hô-
tel-Dieu.

Du 12 Octobre 1728.

RREST du Conseil, qui ordonne que
les Bourgeois de la Ville & Fauxbourgs
de Paris pourront à leur choix fournir au
Bureau general des Aydes chaque an-
née, avant que de faire entrer les Foins
& Avoines provenans de leur crû un
Certificat en bonne forme des Curés ou des Juges, ou des
Collecteurs de la Paroisse où sont situés leurs Heritages, con-

tenant la quantité d'Arpens de Prez & Terres enfemencées en Avoines, Luzernes & Sainfoins que les Proprietaires font valoir par leurs mains à leurs frais & dépens, fans être tenus à Ferme, à peine, en cas de fauffe declaration, de cinq cens liv. d'amende folidaire, tant contre lefdits Curés, Juges & Collecteurs qui donneront de faux Certificats, que contre lefdits Proprietaires qui les rapporteront, qui feront tenus de les certifier veritables, & qui feront en outre déchûs pour toûjours de leurs exemptions, fans que ladite amende puiffe être moderée, ni les Privileges rétablis, fous quelque prétexte que ce foit ; & ordonne en outre que la Declaration du 15 Mai 1722. & l'Arreft du Confeil du 10 Aouft 1728. feront executés felon leur forme & teneur, &c.

Du 12 Octobre 1728.

Arreft du Confeil, qui caffe celui de la Cour des Comptes, Aydes & Finances de Roüen, du 13 Mai 1727. & ordonne que la Sentence des Officiers de l'Election de Neufchâtel du 28 Mars 1727. fera executée felon fa forme & teneur, & que les fommes que Charles Cordier, Prédeceffeur de Loüis Bourgeois, Fermier Generaldes Fermes de SaMajefté ou fesCommis auroient pû être contraints de payer au nommé Pierre Talva, Marchand de Vin & d'Eau de Vie dans les Villages de Beaucamp le jeune, dépendant de l'Election de Neufchâtel Generalité de Roüen, & à la Boiffiere Election d'Abbeville, Generalité d'Amiens en vertu d'icelui, feront rendus & reftitués, à ce faire, ceux qui les auront reçûs contraints, &c.

Du 12 Octobre 1728.

* Arreft du Confeil, qui ordonne que ceux des 26 Janvier & 26 Avril 1723. enfemble les Contraintes décernées les 13 Novembre 1723. & 10 Mars 1724. contre ceux des Bouchers qui ont vendu & debité des Viandes aux Marchés d'Attichy, Appanage de Monfieur le Duc d'Orleans, feront executées, condamne les-nommés Moyard, Barrat,

Ramart, de Liry, Philippes & François Moslaye, & Cayeux, chacun en trois cens livres d'amende, & en la confiscation des Viandes fur eux faifies le premier Juillet 1724. ordonne que tous les Bouchers vendans des Viandes au Bourg dudit Attichy, feront tenus à l'avenir d'en faire declaration & payer les Droits d'Infpecteurs aux Boucheries, & que le prefent Arreft fera lû, publié & affiché par tout où befoin fera & executé felon fa forme & teneur, &c.

Du 12 Octobre 1728.

* Arreft du Confeil, qui caffe celui de la Cour des Aydes de Paris du 18 Fevrier 1728, & ordonne que les Articles X. du Titre VII. des Declarations & du payement des Droits, III. XVI. & XVII. du Titre des anciens & nouveaux Cinq fols, V. & X. du Titre VIII. des Contraintes pour le Gros de l'Ordonnance des Aydes du mois de Juin 1680. feront executés felon leur forme & teneur ; & en confequence, que les Contraintes décernées & vifées par les Officiers de l'Election de Romorantin le 20 Janvier 1728. contre les Chanoines de Varan, feront auffi executées felon leur forme & teneur, aux Cautions du Bail de Broffard, tant pour les Droits d'Infpecteurs aux Boiffons & nouveaux Octrois refervés aux Hôpitaux, par eux offerts par Acte du 29 du même mois de Janvier 1728. que pour lefdits Droits d'anciens Cinq fols, Augmentation & quatre fols pour livre, comme ils ont fait ou dû faire par le paffé, &c.

Du 13 Octobre 1728.

* Ordonnance de M. le Lieutenant General de Police de la Ville, Prevôté & Vicomté de Paris, qui ordonne l'execution des Ordonnances, Edits, Arrefts du Confeil & autres Reglemens concernant les Bouchers des environs de Paris, & fait défenfes aufdits Bouchers de tuer, vendre ni debiter de la Viande ailleurs que dans leurs Maifons d'habitation, d'en apporter ou envoyer à Paris, & de s'établir dans les lieux defignés par la même Ordonnance & détachés du

Corps des Paroiffes, à peine de confifcation, trois cens livres d'amende, & même d'emprifonnement, &c.

Du 26 Octobre 1728.

*   Arreft du Confeil, qui condamne vingt-un Procureurs
des Jurifdictions de la Ville de Boulogne fur mer, en chacun cent livres d'amende par grace, & pour cette fois
feulement, pour contraventions par eux commifes à l'oc-
cafion des Droits fur la Formule, & ordonne l'execution de
l'Ordonnance de 1680. & des Declarations du Roy des 18
Avril 1690. 19 Juin & 24 Juillet 1691. renduës au fujet du
papier & parchemin timbrés, &c.

Du 26 Octobre 1728.

*   Arreft du Confeil, qui caffe & annulle une Sentence des
Elûs d'Etampes, ordonne que l'Article II. du Titre commun pour toutes les Fermes de l'Ordonnance du mois de
Juillet 1681. l'Article V. de l'Edit du mois d'Aouft 1717.
enfemble l'Arreft dudit Confeil du 11 Juillet 1725, feront
executés felon leur forme & teneur, deboute André-
Louis Defmoretz, Executeur des Sentences Criminelles des Bailliages & Prevôté dudit Etampes, de l'oppofition par lui formée à l'execution de la Contrainte contre
lui décernée, laquelle fera executée felon fa forme & teneur, nonobftant toute oppofition faite ou à faire en confequence, le condamne à payer la fomme de quarante-cinq
livres un fol fix deniers y portée pour les Droits de Gros,
Augmentation, Jauge & Courtage, anciens & nouveaux
Cinq fols, Infpecteurs aux Boiffons & Octrois refervés aux
Hôpitaux, de huit poinçons de Vin, & aux dépens faits en
ladite Election, &c.

Du 26 Octobre 1728.

Arreft du Confeil, qui ordonne qu'à la diligence de
Pierre Carlier, Adjudicataire des Fermes generales, ilfera

conſtruit dans la largeur de la ruë de Picpus, dans le même
endroit où eſt actuellement la Barriere, un Bureau qui ſera
adoſſé contre les murs des Religieux du Couvent de Picpus,
& compoſé d'une piece par bas & d'une Chambre au-deſſus,
à condition neanmoins que la grande porte de ladite Barriere
ſera de la largeur ordinaire pour le paſſage des Voitures pu-
bliques ; ordonne que les deniers & avances qui ſeront ne-
ceſſaires pour parvenir à la conſtruction dudit Bureau, dont
la dépenſe ne pourra exceder la ſomme de dix-ſept cens livres, ſeront avancés par ledit Carlier, qui en ſera rembour-
ſé par le Fermier qui lui ſuccedera, & ſucceſſivement de
Baïl en Baïl, en rapportant l'expedition ou copie du preſent
Arreſt, les Devis & Memoires des ouvriers arrêtés par le
Sieur de Coſte, Architecte, commis par Arreſt dudit Conſeil du 16 Mai 1719. à l'Inſpection des Bâtimens des Fermes Generales, & les Quittances deſdits ouvriers, &c.

Du 26 Octobre 1728.

Arreſt du Conſeil, qui ordonne qu'à compter des jours
& dattes des ſaiſies faites entre les mains des Sous-Fermiers
des Aydes, Domaines & autres Droits y joints des Generalités
de Soiſſons, Caën, Alençon, Bourges, Moulins, Châlons,
Limoges, Bretagne, Roüen & Amiens, & des Sieurs du
Martray, Gaudin & le Duc, leurs Caiſſiers, ils remettront
dans le jour de la ſignification d'icelui au Sieur Gautier,
Receveur General des Fermes, toutes les ſommes de deniers
que chacun d'eux aura ledit jour entre ſes mains appartenans
au Sieur Durand de Blonzac provenans de ſes fonds d'avances, intereſts d'iceux, benefices, Droits de preſence fixes,
& autres juſqu'à concurrence de la ſomme de onze mille
deux cens vingt-ſept livres treize ſols dix deniers de debet
clair, dû par ledit Sieur Durand de Blonzac ; quoi faiſant,
ils en demeureront bien & valablement quittes & déchargés envers lui & tous autres ; à l'effet de quoi ſeront leſdits
Sous-Fermiers, enſemble leurs Caiſſiers tenus de délivrer
chacun pour ce qui les concerne & dans le délai ci-deſſus
fixé aux Cautions de Louis Bourgeois, Fermier General, un

Bordereau d'eux certifié veritable de ce qui revient audit
Sieur de Blonzac dans lesdits fonds ; & au cas que les sommes étant actuellement entre les mains desdits Sous-Fermiers & leurs Caissiers ne soient pas suffisantes pour acquit-
ter en entier ledit debet ; veut que les saisies faites par ledit Bourgeois les 6 & 9 Septembre 1727. subsistent jusqu'à
l'entier acquittement dudit debet, & fait défenses ausdits
Sous-Fermiers & leurs Caissiers de payer aucune somme
audit Durand, à peine d'en répondre en leur propre &
privé nom, &c.

Du 12 Novembre 1728.

Arrest du Conseil, qui subroge Jean Plaine, Adjudicataire
de la Ferme Generale des grands & petits Devoirs de la Province de Bretagne, au Bail fait par Pierre Carlier, Adjudicataire des Fermes Generales à Claude Marchand, des Droits
d'Impôts & Billots, Papiers & Parchemins timbrés, de la
Province de Bretagne & de ceux de la Traite Domaniale &
Poids au Duc de la Ville de Rennés, en consequence de
celui du 20 Aoust 1726. pour trois années & neuf mois
qui resteront à expirer du temps dudit Bail, à commen-
cer du premier Janvier 1729. Enjoint audit Carlier d'en
passer Bail audit Plaine, aux mêmes prix, charges, clau-
ses & conditions portées par ledit Bail fait audit Marchand, le 27 Septembre 1726. sans pouvoir par ledit Jean
Plaine prétendre sous aucun prétexte aucune diminution,
pour quelque cause que ce puisse être, & que ledit Plaine
sera tenu de fournir bonne & suffisante Caution, lui permet d'entretenir ou resilier les Arrieres-Baux, si aucuns ont
été faits par ledit Marchand, & de faire faire de nouveaux
Timbres tels que bon lui semblera pour les Papiers & Parchemins à l'usage de ladite Province, à compter dudit jour
premier Janvier 1729. &c.

Du 30 Novembre 1728.

Arrest du Conseil, qui deboute les Sieurs Servoisy & Sei-

gneur, Marchands Merciers, de l'opposition par eux formée
à celui du 31 Aoust 1728. qui les condamne en deux cens
livres d'amende, & en la confiscation d'une demi queuë &
trois demi muids de Vin du crû dudit Servoify, saisis par
le Procès verbal du 31 du mois de Mai, & vendus par ledit
Servoify audit Seigneur, sans en avoir fait declaration, ni
payé les Droits de Revente au Bureau de la Greve ; ce faisant, ordonne que ledit Arrest sera executé selon sa forme
& teneur, &c.

Des 30 Novembre 1728. & 20 Septembre 1729.

* Deux Arrests du Conseil, le premier ordonne que la Requeste d'Alexandre Froment, Fermier des Aydes de la Generalité de Soissons, sera communiquée aux Maire & Eche-
vins de la Ville de Noyon pour y répondre dans un mois,
& cependant qu'il sera par les Commis dudit Froment pro-
cedé aux Inventaires des Vins & autres Boissons recüeillis
en la presente année 1728. chez tous les Habitans de la Ville
& Fauxbourgs, de quelque qualité & condition qu'ils soient,
leur enjoint de souffrir lesdits Inventaires, à peine de cinquante livres d'amende, & à payer les Droits d'anciens &
nouveaux Cinq sols sur le pied d'iceux.

Et le second, faisant droit sur l'opposition que lesdits Habitans ont formé audit Arrest ; ordonne que s'ils entendent
faire entrer dans ladite Ville de Noyon leurs Vendanges dans
des Vaisseaux appellés Teuvrées' de plus grande ou moindre
continence que celle qui est fixée par le Tarif des Officiers
de l'Election du 12 Octobre 1711. ils seront tenus de dépo-
ser en l'Hôtel de Ville des échantillons de chaque espece
de Vaisseau, pour servir de mesures & matrices, dont Procès verbal sera dressé par lesdits Officiers de ladite Election
en presence du Directeur des Aydes, lesquelles, ainsi que
lesdites Teuvrées, seront marquées d'un fer chaud pour as-
surer la Jauge d'icelles & le payement des Droits d'Entrées
sur lesdites Vendanges, & jusqu'à ce qu'ils y ayent satisfait,
les condamne à souffrir les Inventaires ordonnées par l'Arrest du 30 Novembre 1728. & à payer les Droits d'Entrée
sur le pied d'iceux, &.

Du 14 Decembre 1728.

*   Arrest du Conseil, qui ordonne qu'il sera établi dans la Generalité d'Alençon, outre le Bureau de Châteauneuf en Thimerais, des Bureaux ès Villes de Verneüil, Brezolles & Nogent le Rotrou, pour y faire les declarations & soumissions ordonnées par l'Arrest du Conseil & Lettres Patentes du 25 Mai 1728. pour les Vins en bouteilles, tant pour passer debout dans la Province de Normandie, que pour ceux destinés pour l'interieur de ladite Province, &c.

Du 21 Decembre 1728.

*   Declaration du Roy, *Registrée en Parlement le 4 Janvier* 1729. qui ordonne que pendant le courant de l'année 1729. il sera perçû au profit de l'Hôpital General de la Ville de Paris dix sols par chaque voye de Bois à brûler, & deux sols par chaque voye de Charbon de Bois, qui seront vendus sur les Ports, Quais & Chantiers de ladite Ville de Paris, ainsi qu'il a été ordonné par la Declaration du 3 Janvier 1728. sçavoir, moitié payable par les Marchands de Bois & de Charbon, & l'autre moitié par les Acheteurs, & veut qu'après le dernier Decembre 1729. lesdits Droits soient & demeurent supprimés, &c.

Du 21 Decembre 1728.

*   Declaration du Roy, qui ordonne que le Vingtiéme accordé ci-devant en faveur de l'Hôpital General & des Enfans-Trouvés de la Ville de Paris continuëra d'être perçû à leur profit pendant les années 1729, 1730, 1731. & 1732. sur tous les Droits sans exception qui se levent dans ladite Ville & Fauxbourgs de Paris, suivant & conformément aux Declarations des 15 Decembre 1711, 27 Decembre 1712, 22 Decembre 1714, 2 Juillet 14 Decembre 1715, 5 Octobre 1722. & 11 Decembre 1725. à l'exception seulement des Droits sur les Vins, Eaux de Vie, Liqueurs & autres Boissons mentionnées dans lesdites Declarations, &c.

Du

Du 18 Janvier 1729.

Arrest du Conseil, qui ordonne que les Declarations des 6 Aoust 1715. & 15 Mai 1722. & les Reglemens rendus en conséquence, seront executés selon leur forme & teneur; & en conséquence, condamne les nommés Lebas, Cabaretier ruë Maubué, Lhome son Associé, demeurant avec lui dans la même Maison, Molla, Suisse tenant Cabaret, & vendant Vin ruë du Petit Bourbon, dans l'Hôtel des Ecuries de la Reyne; Grassot & sa femme demeurans dans ledit Hôtel & complices de sa fraude; Miot, Cabaretier dans le petit Marché de l'Abbaye de Saint Germain Després; Harnoux & sa femme, demeurant dans la même Maison, où ledit Miot tient son Cabaret, aussi complices de sa fraude; Morel Cabaretier ruë Saint Martin; Delaunay, Miroitier, demeurant même ruë dans une Maison contiguë au Cabaret dudit Morel, tous en deux cens livres d'amende, & en la confiscation de plusieurs pieces de Vin sur eux saisis par differens Procès verbaux pour avoir été faussement declarés & acquittés en Bourgeois, quoique les Droits en fussent dûs comme Marchand vendant Vin; & ledit Delaunay, Miroitier seul en cinq cens livres d'amende, d'autre part, tant pour le refus par lui fait d'obéir à l'Ordonnance du Sieur Lieutenant General de Police, & de faire ouverture de ses Caves, conformément à ladite Ordonnance, que pour avoir empêché par ses injures, violences & menaces que l'ouverture n'en fût faite par un Serrurier, & avoir excité une émotion populaire contre les Commis du Fermier. Au payement de toutes lesquelles amendes de deux cens livres & confiscation de Vins les dénommés en icelui seront solidairement contraints chacun pour leur fait & regard comme pour les propres deniers & Affaires de Sa Majesté; & à l'égard des deux amendes de cinq cens livres prononcées contre ledit Molla d'une part, & ledit Delaunay d'autre, pour les rebellions par eux faites ausdits Commis, ils y seront pareillement contraints & par les mêmes voyes, chacun pour ce qui les concerne, &c.

Aydes.   B

Du 25 Janvier 1729.

Arrest du Confeil, qui ordonne, fans avoir égard à la Déliberation des Etats de Navarre, du 28 Juillet 1728. & aux Remontrances qui pourroient être faites en confequence, que celui du 18 Mars 1727. fera executé felon fa forme & teneur, & en confequence, qu'il fera impofé par chacune année fur tous les Habitans de la Baffe Navarre, Exempts & non Exempts, Privilegiés & non Privilegiés, une fomme de onze cens livres y compris les deux fols pour livre pendant quatre années & demie, à compter du premier Avril 1728. laquelle impofition fera faite conjointement & au marc la livre des Impofitions ordinaires, & les deniers en provenans remis dans les mêmes termes des Impofitions par le Treforier des Etats de Navarre à Pierre Carlier, Adjudicataire General des Fermes, fes Commis & Prépofés, & ce pour tenir lieu audit Carlier de la perception des Droits de Courtiers-Jaugeurs & Infpecteurs des Boiffons & aux Boucheries, &c.

Du 8. Février 1729.

* Arreft du Confeil, qui ordonne que les Bouchers reçûs Maîtres dans les Villes & Bourgs fujets aux Droits d'Infpecteurs aux Boucheries, feront tenus de faire leurs declarations des abbatis qu'ils feront, & d'en payer les Droits au plus prochain Bureau de l'Election dans laquelle ils feront leurs refidences, quoiqu'elles foient fituées dans les lieux où lefdits Droits n'ont point été établis, & qu'ils ne vendent point de Viande ailleurs que dans leurs domiciles, & leur enjoint de fouffrir les Vifites & Exercices des Commis, & à cet effet de faire ouverture de leurs Maifons, Tuëries, & autres lieux deftinés pour leur Commerce, le tout fous les peines portées par les Reglemens, &c.

Du 8 Fevrier 1729.

Arrest du Conseil, qui ordonne que les Declarations des 6 Aouſt 1715, 27 Juin 1716. & 15 Mai 1722. & Reglemens rendus en conſequence, ſeront executés ſelon leur forme & teneur ; & en conſequence, confiſque au profit de Maître Pierre Carlier, Adjudicataire des Fermes Generales trois demi queuës de Vin mentionnées dans les deux Procès verbaux du même jour 21 Janvier 1729. ſur Laurent Beſſy, faute de repreſentation deſdits Vins, & de la Quittance des Droits de Revente, leſquels Vins leſdits Beſſy & ſa femme ſeront tenus de repreſenter en bon état, ſinon & à faute de ce faire, de payer pour le prix deſdites trois demiqueuës de Vin la ſomme de cent quatre-vingt livres, & l'amende de deux cens livres pour la fraude & contravention par eux commiſes, & tant leſdits Beſſy & ſa femme, que Beſſy fils en cinq cens livres auſſi d'amende pour la rebellion, violences, & voyes de fait par eux exercés contre les Commis dudit Carlier ; leur fait défenſes de récidiver ſous plus grandes peines ; les condamne auſſi en cent livres de dommages & intereſts envers ledit Carlier, au payement du prix deſquels Vins & deſdites amendes de deux cens livres d'une part, & cinq cens livres d'autre, & des cent livres de dommages & intereſts, ils ſeront ſolidairement contraints comme pour les propres deniers & Affaires de Sa Majeſté, ainſi que ledit Beſſy fils pour l'amende de cinq cens livres, & les cent livres de dommages & intereſts ſeulement, &c.

Du 15 Février 1729.

* Arreſt Contradictoire de la Cour des Aydes Paris, qui declare nulles trois Sentences des Elûs de Beaugency, enjoint auſdits Elûs d'obſerver & garder les Arreſts & Reglemens de la Cour, & de ne plus rendre aucunes Sentences qu'elles ne ſoient ſignées de trois Juges, à peine d'interdic

tion, & de répondre en leurs propres & privés noms des dommages & interests des Parties, &c.

Des 18 Fevrier & 15 Novembre 1729.

* Deux Arrests Contradictoires de la Cour des Aydes de Paris & du Conseil contre le Sieur Ponce Sarot, Officier Commensal de la Maison du Roy, resident à Mareüil, Election d'Epernay ; le premier deboute ledit Sieur Sarot de sa demande en restitution des Droits de Gros de soixante-quinze bouteilles de Vin de son crû, de la recolte de 1724. & le condamne aux dépens.

Et le second deboute ledit Sieur Sarot des fins & conclusions de sa Requeste, & ordonne l'execution du premier, &c.

Du 22 Fevrier 1729.

* Arrest du Conseil, qui ordonne que la Declaration du 19 Juin 1691. sera executée selon sa forme & teneur, & en consequence condamne le Sieur Desmaretz, Greffier ordinaire de la Ville & Election de Pontoise, en trois cens livres d'amende, pour avoir expedié une Sentence diffinitive en papier timbré qui devoit l'être en parchemin ; & lui fait défenses de récidiver sous plus grande peine, &c.

Du 22 Fevrier 1729.

* Arrest du Conseil, qui prescrit les regles & formalités qui seront observées par les Marchands de Fer de la Ville d'Angers, lorsqu'ils enverront des Marchandises de Fer, Acier & Quincaillerie, venans des Provinces du Royaume, où les Droits de Marque se payent à la fonte & fabrication, & qu'ils emprunteront les Rivieres & Ports de Mer en Bretagne, pour aller en Poitou & autres Provinces sujettes ausdits Droits, &c.

Du 8 Mars 1729.

Arreſt du Conſeil, qui ordonne, avant faire droit ſur la Requeſte preſentée par Pierre Carlier, Adjudicataire General des Fermes de Sa Majeſté, & des Droits rétablis par la Declaration du 15 Mai 1722. ſur les Ports, Quais, Halles Places & Marchés de la Ville & Fauxbourgs de Paris, que M. le Procureur General en la Cour des Aydes de Paris, remettra au Sieur Controlleur General des Finances, les Motifs de l'Arreſt de ladite Cour des Aydes, du 8. Fevrier 1729, au ſujet de la ſaiſie faite ſur Marie-Magdelaine Latouche, veuve de feu Pierre Levacher, Cabaretier à la Chapelle-Saint-Denys, dans la Banlieuë de Paris, de cent quinze Pieces, tant Toiles que Siamoiſes, Montichous & Mouchoirs, de quarante-deux paquets & pieces de Ruban de fil & autres Marchandiſes; Pour leſdits Motifs vûs & examinés être par Sa Majeſté ordonné ce qu'il appartiendra, toutes choſes cependant demeurant en état, &c.

Du 9 Mars 1729.

* Arreſt de la Cour des Aydes, qui confirme la Sentence de l'Election de Paris, du 4 Aouſt 1728. en ce qui concerne Joſeph le Baigue, Maître & Marchand Orfevre à Paris, fait pleine & entiere main-levée des treize Plats & douze Aſſiettes d'argent marqués de faux Poinçons ſaiſis chez le Sieur David André auſſi Marchand Orfevre à Paris; ordonne que leſdirs Plats & Aſſietres ſeront portés au Bureau de la Maiſon Commune des Orfeves & du Fermier, pour être de nouveau marqués des Poinçons deſdits Bureaux, & les Droits payés au Fermier; condamne le Fermier aux dépens de la Cauſe d'appel envers ledit André; & faiſant Droit ſur la Requeſte dudit le Baigne, à fin d'enregiſtrement des Lettres à lui accordées, portant commutation des peines d'amende-honorable, & de mort en celle des Galeres perpetuelles; ordonne que leſdites Lettres ſeront enregiſtrées au Greffe de ladite Cour, pour être executées ſelon leur forme & teneur;

& joüir par ledit Maximilien-Joseph le Baigue de l'effet &
contenu en icelles , &c.

Du 22 Mars 1729.

*   Declaration du Roy, qui supprime les Droits qui se perçoivent aux Entrées de la Ville de Paris sur les Oeufs, Beurres & Fromages, dont le rétablissement a été ordonné par
Declaration du 15 Mai 1722. & par les Lettres Patentes,
du 12 Juillet 1726. & ordonne l'execution des Ordonnances, Edits, Declarations & des Arrests du Parlement & Reglemens de Police au sujet de la vente & debit desdites
Marchandises de Beurres, Oeufs & Fromages, &c.

Du 22 Mars 1729.

*   Arrest du Conseil, qui ordonne que les faux Poinçons
étant au Greffe de l'Election de Paris , dont Maximilien-
Joseph le Baigue, Maître Orfevre a été trouvé saisi, seront
incessamment rompus , brisés & défigurés par l'Executeur
de la Haute Justice à la porte de ladite Election, conformément à la Sentence des Elûs de Paris , du 4 Aoust 1728.
& que les treize Plats d'argent & douze Assiettes aussi d'argent marqués desdits faux Poinçons par ledit le Baigue , &
saisis dans la Maison de David André aussi Maitre Orfevre,
seront à la premiere signification d'icelui, conformément à
l'Article XI. de la Declaration du 23 Novembre 1721.
portés au Greffe de la Cour des Monnoyes , pour être le
Titre desdites Vaisselles jugé ; & enjoint à son Procureur
General en ladite Cour d'y tenir la main ; & avant faire droit
sur la Requeste du Fermier , ordonne que son Procureur
General en la Cour des Aydes , envoyera dans quinzaine
les motifs sur lesquels celui de ladite Cour du 9 du present
mois est intervenu, pour iceux vûs & ladite Requeste communiquée audit André, être au Rapport du Sieur Controlleur General des Finances, ordonné ce qu'il appartiendra ;
toutes choses cependant demeurant en état, &c.

Du 22 Mars 1729.

Arreſt du Conſeil, qui ordonne que les Declarations des 6 Aouſt 1715, 15 Mai 1722. & 27 Juin 1716. & Reglement rendus en conſequence, ſeront executés ſelon leur forme & teneur ; & en conſequence, condamne le nommé Joſeph Hameau & ſa femme, Marchands de Bois, demeurans au lieu appellé le gros Caillou hors les Barrieres & ſur l'Entrée, en deux cens livres d'amende, & en la confiſcation de deux demi-queuës de Vin d'une part, deux demi-muids de Vin d'autre part, deux demi-muids & un quart auſſi de Vin d'autre part, & un demi-muid de Cidre ; le tout ſaiſi par le Procès verbal du 28 Decembre 1728. faute de repreſentation de Quittances des Droits d'Entrées ; & comme étant leſdits Vins & Cidres entrés en fraude deſdits Droits à la faveur de la ſituation de la Maiſon deſdits Hameau & ſa femme, qui eſt hors leſdites Barrieres ; le nommé Billot demeurant dans l'Enclos des Quinze-Vingts, le nommé Jourdain, Cabaretier ruë d'Argenteüil, à la Croix de fer; le nommé Boileau, Marchand de Vin, demeurant Fauxbourg Saint Martin; & le nommé Gerin, Cabaretier, demeurant au coin de la ruë du Petit Pont, à l'Enſeigne de la Fleur de Lys en pareilles amendes de deux cens livres, & en la confiſcation de pluſieurs pieces de Vin ſur eux ſaiſis par differens Procès verbaux pour avoir été fauſſement acquittés en Bourgeois, au payement de toutes leſquelles amendes & confiſcations les dénommés en icelui ſeront ſolidairement contraints chacun pour leur fait & regard comme pour les propres deniers & Affaires de Sa Majeſté, &c.

Du 22 Mars 1729.

* Arreſt du Conſeil, qui évoque à icelui l'Aſſignation donnée par le nommé de la Roche, Marchand Forain à Pierre Carlier, Adjudicataire des Fermes Generales de Sa Majeſté en la Cour des Aydes de Paris, le 17 du mois de Fevrier

1729. faisant droit fur le Renvoi porté par la Sentence des Elûs de Paris, du 10 dudit mois de Fevrier ; ordonne que celui du 9 Janvier 1691. qui permet au Fermier de prendre les Porcs pour le prix declaré, fera executé felon fa forme & teneur ; en confequence, declare les offres faites par ledit Carlier audit la Roche les 26 & 27 Janvier 1729. bonnes & valables ; & fans s'arrêter aux demandes dudit la Roche & des nommés Tremblay l'aîné, la Place, Martin, Renoux, & Sens, Chaircuitiers, fait main-levée audit Carlier des faifies faites par ledit la Roche entre les mains des nommés de la Marre & le Tellier, fans préjudice de l'action dudit Carlier en garantie contre ledit la Roche, en cas de défaut de payement par lefdits la Marre & le Tellier, &c.

Du 29 Mars 1729.

* Arreft du Confeil, qui interdit aux Officiers de l'Election de Caën la connoiffance des Caufes Civiles & Criminelles, dans lefquelles le Fermier des Aydes & fes Commis auront intereft pendant le temps qui refte à expirer du Bail de Loüis Gervais ; & commet pour en connoître, les Officiers de l'Election de Bayeux aufquels Sa Majefté renvoye pareillement la connoiffance des affaires Civiles & Criminelles actuellement indécifes, &c.

Du 9 Avril 1729.

* Ordonnance du Roy portant Reglement pour la Vifite des Voitures & Equipages qui entrent dans la Ville de Paris, &c.

Du 12 Avril 1729.

* Arreft du Confeil, qui reçoit Pierre Carlier, Adjudicataire des Fermes Generales, oppofant à celui du 21 Mars 1716. en ce qu'il difpenfe l'Adjudicataire des Droits du Tarif de la Ville & Fauxbourgs de Pontoife, de donner en papier timbré les Quittances des Droits qui feront payés aux Entrées

de

de ladite Ville ; ordonne que l'ArticleXII. du Titre des
Droits sur le Papier & Parchemin timbré de l'Ordonnance
des Aydes de 1680. l'Article XIV. de la Declaration du
19 Juin 1691. & les Arrests dudit Conseil des 5 Juin 1714.
29 Octobre 1720 , 4 Mars & premier Juillet 1721. &
31 Mai 1723. seront executés selon leur forme & teneur ;
en consequence , fait défenses à l'Adjudicataire des Droits
du Tarif, de ladite Ville & Fauxbourgs de Pontoise , ses
Procureurs & Commis chargés de la Regie & perception
des Droits dudit Tarif de percevoir aucuns Droits de quelque nature que ce soit , sans en donner Quittance sur papier
timbré & sans en pouvoir délivrer deux ou plusieurs sur une
même seüille , demi feüille ou quart , & à tous Particuliers
de faire entrer aucune chose sujette aux Droits dudit Tarif
sans en prendre Quittance , dont ils seront tenus de rembour-
ser ausdits Commis les frais du timbre pour tous les Droits
qui seront de cinq sols & au-dessus ; & à l'égard des Acquits
& Quittances au-dessous de cinq sols , ils seront délivrés &
reçûs en papier non timbré & sans frais ; le tout à peine contre les Commis de trois cens livres d'amende par chaque
contravention , d'être déchûs de leurs Emplois & de Con-
cussion , & contre les redevables de saisie & confiscation ,
&c.

Du 10 Mai 1729.

Arrest du Conseil, qui ordonne , sans tirer à consequence ;
qu'outre les mil muids de Vin de Privilege accordés aux Directeurs de l'Hôpital General , & dont l'emploi est fait dans
l'Etat des Privilegiés , lesdits Directeurs pourront dans le
cours de la presenteannée faire entrer sur leursCertificats cinq
cens muids de Vin d'augmentation pour la consommation
dudit Hôpital , sans payer aucuns Droits , tant au Pont de
Joigny , qu'aux Entrées de Paris , ni ceux des Droits rétablis , dont ils demeureront déchargés en vertu du present
Arrest, &c.

Du 18 Mai 1729.

* Arrest Contradictoire de la Cour des Aydes, qui declare

Aydes.   C

Nicolas Capronier, Laboureur, demeurant à Wareguie
non-recevable dans une Inscription de faux pour l'avoir formée le dixiéme jour de l'Assignation, & juge qu'une Inscription de faux doit être formée au plus tard sur les Assi-
gnations à huitaine, le neuviéme jour, & sur celle à trois
jours le quatriéme jour, y compris celui de l'exploit, qui
sont les jours de l'écheance, &c.

Du 18 Mai 1729.

* Jugement Souverain rendu par M. l'Intendant de la Ro-
chelle, qui condamne par contumace le nommé Jean-Bap-
tiste Liette, ci-devant Receveur des Aydes de l'Election de
Xaintes, à être pendu & étranglé, pour avoir volé & em-
porté les deniers de sa Recette, &c.

Du 24 Mai 1729.

* Arrest du Conseil, qui confirme une Ordonnance de M.
l'Intendant d'Orleans, portant confiscation sur le nommé
François Bethenon, Marchand de la Ville de Clamecy, de
quatre feüillettes de Vin enlevées du Preau du Fauxbourg
de Beuron de ladite Ville, ensemble de la Charette sur laquelle elles étoient chargées, & des deux Chevaux y attelés,
pour avoir été surpris roulant lesdits tonneaux, le 27 Septembre 1727. sur les neuf à dix heures du soir, dans ladite Ville, sans en avoir préalablement fait declaration
au Bureau, & pris Quittance des Droits de Courtiers-Jaugeurs, & condamne ledit Bethenon en deux cens livres
d'amende, & aux depens, &c.

Du 24 Mai 1729.

* Arrest Contradictoire du Conseil d'Estat qui confirme
une Ordonnance de M. l'Intendant d'Orleans, portant confiscation sur François Bethenon, Marchand à Clamecy, de
neuf feüillettes de Vin restantes de plus grande quantité pro-
venant des Vendanges, tant de son crû, que d'achat, des
Dixmes par lui enlevées sans declaration des Territoires des

Bourgs de Billy & Doizy sujets aux anciens cinq sols & Inspecteurs aux Boissons & transportés dans sa Ferme de Champlâtre encore dépendant dudit Bourg & Paroisse de Billy, Exempt d'iceux , & condamne ledit Eethenon entrois cens livres d'amende, & aux dépens, &c.

Du 14 Juin 1729.

Arrest du Conseil, qui ordonne que les Declarations des 6 Aoust 1715 , 27 Juin 1716. & 15 Mai 1722. seront executées selon leur forme & teneur ; & en consequence, condamne le nommé Fribourg , Suisse de l'Hôtel d'Antin en deux cens livres d'amende & en la confiscation des trois demi-queuës de Vin sur lui saisies par Procès verbal du 3 Mars 1729. pour avoir été faussement declarées & acquittées en Bourgeois ; le nommé Bar, Cocher du Sieur Chevalier d'Hautefort, demeurant dans le Palais de Luxembourg ; le nommé Evrard , Suisse de l'Hôtel de Luxembourg ruë Saint Marc, le nommé Buty , Suisse de l'Hôtel de Tallard ruë du grand Chantier ; le nommé Legendre, Marchand de Vin , ruë de l'Arbre-sec , à l'Enseigne du Francpinot ; la veuve Chevreux , Marchande de Vin , & le nommé Jumel , Traiteur son Associé , demeurans ensemble ruë des Trois Couronnes , près Saint Hypolite ; & le nommé Paul , Suisse de l'Hôtel de Conty , ruë des Petits Augustins, en pareilles amendes de deux cens livres & en la confiscation de plusieurs pieces de Vin sur eux saisies par differens Procès verbaux , pour avoir été faussement declarées & acquittées en Bourgeois , quoiqu'ils dûssent les Droits en Marchands comme vendant Vin ; au payement de toutes lesquelles amendes & confiscations les dénommés en icelui seront solidairement contraints chacun pour leur fait & regard comme pour les propres deniers & affaires de Sa Majesté , &c.

Du 14 Juin 1729.

* Arrest du Conseil, qui ordonne qu'à compter du jour de la publication d'icelui, il sera perçû & levé dans la Ville &

C ij

Fauxbourgs de Tours fur tous les Bourgeois & Habitans Privilegiés & non Privilegiés, Exempts & non Exempts, quatre fols par poinçon de Vin entrant dans ladite Ville de Tours, dix fols fur chaque cent de Fagots, cinq fols par chaque charroi de Bûches, & un fol par chaque quintal de Foin, lefquels Droits feront perçûs & levés en la même forme & maniere & conformément aux Ordonnances, Edits, Declarations, Arrefts & Reglemens rendus fur le fait des Droits d'Aydes & Droits rétablis par le Sieur Boutin, chargé par Arrefl du Confeil du 9 Decembre 1727. de la Recette des fonds deftinés aux Hôpitaux ; & feront les differends & conteftations qui naîtront pour raifon de la Regie, Recette & perception defdits Droits ordonnés être levés par le prefent Arreft, pour être employés à fournir les fecours neceffaires aufdits Hôpitaux jugés par le Sieur Intendant & Commiffaire départi en la Generalité de Tours, auquel toute Cour, Jurifdiction & connoiffance eft attribuée.

Du 21 Juin 1729.

* Arreft diffinitif du Confeil, qui ordonne que l'Ordonnance du mois de Juillet 1681. Titre des Droits de la Marque d'or & d'argent, l'Article XXVIII. du titre Commun pour toutes les Fermes de l'Ordonnance dudit mois de Juillet 1681. la Declaration du 23 Novembre 1721. & les Arrefts & Reglemens rendus à ce fujet, feront executés felon leur forme & teneur ; & en confequence, caffe & annulle celui de la Cour des Aydes du 9 Mars 1729. portant main-levée de treize Plats & douze Affiettes d'argent marqués de faux Poinçons faifis fur David André, Maître Orfevre par Procès verbal des Commis de la Ferme de ladite Marque d'or & d'argent, du 13 Mai 1728. & ordonne que lefdits treize Plats & douze Affiettes feront remis au Change de la Monnoye à Paris, pour être fondus & convertis en efpeces au Coin & Armes de Sa Majefté, & la valeur confifquée, conformément à la Sentence de l'Election du 4 Aouft 1728. & payée à Jacques Cottin, Sous-Fermier des Droits de Marque & Controlle fur les ouvrages d'or & d'argent dans

toure l'étenduë du Royaume ; condamne en outre ledit David André en cent livres d'amende pour chacune piece, & en tous les dépens faits, tant en l'Election qu'en la Cour des Aydes, &c.

Du 21 Juin 1729.

* Arrest Contradictoire de la Cour des Aydes, qui condamne Jacques Pichot, Commissionnaire de Vins à Orleans, au payement de la somme de cent douze livres pour les Droits d'anciens Cinq sols, supplément de Passe-debout, Gros, Augmentation & autres y joints de cinquante-six poinçons de Vin declarés en Passe-debout pour le compte du nommé Sellier à Paris réputés Forains & vendus, faute par ledit Pichot d'avoir fait sortir lesdits Vins dans le temps prescrit par les Articles XIV. du Titre des anciens & nouveaux Cinq sols, II. du Titre des Droits de Gros & Augmentation, XIV. du Titre IV. de la Vente en gros & du transport du Vin, IV. du Titre II. du Droit de Subvention de l'Ordonnance des Aydes du mois de Juin 1680. & Lettres Patentes & Arrests dudit Conseil des 15 Avril 1698, 6 Decembre 1710, 5 Janvier 1720, & 14 Novembre 1727. &c.

Du 21 Juin 1729.

* Arrest Contradictoire de la Cour des Aydes, qui sur l'appel interjetté par Jacques Caquille, Marchand de Vin à Paris, de la Contrainte contre lui décernée par le Fermier des Aydes d'Orleans, met les Parties hors de Cour & de Procès ; condamne ledit Caquille en l'amende de douze livres & aux dépens ; & pour faire droit sur ladite opposition, renvoye les Parties en l'Election d'Orleans, dépens à cet égard reservés, &c.

Du 21 Juin 1729.

* Arrest de la Cour des Monnoyes, qui fait défenses aux

cerne les Porcs seulement qui sont vendus dans les Marchés de Paris & Seaux, & aux Foires de Saint Oüin & de Longjumeau, & sur ceux qui entrent en la Ville & Fauxbourgs de Paris ; ordonnent qu'au lieu d'iceux il sera levé & perçû trois liv. de Droits fixes & uniformes pour chacun Porc, gros, moyen ou petit, qui sera vendu dans le Marché de Paris ou entrera par les Bureaux des Portes & Barrieres pour la provision & consommation des Bourgeois & Habitans, & pour les Chaircuitiers, ou qui seront apportés à la Halle par les Forains, soit que lesdits Porcs soient de leur crû ou d'achat, & qu'ils viennent des vingt lieües ou au-delà d'icelles, que les autres Droits établis sur lesdits Porcs, & qui ne sont point compris dans ladite Ordonnance, continueront d'etre perçûs, ainsi qu'ils l'ont été jusqu'à present, & contiennent differentes dispositions pour la perception & regie desdits Droits, &c.

Du 26 Juillet 1729.

* Arrest du Conseil, qui ordonne que l'Article XXXV. du Titre Commun pour toutes les Fermes de l'Ordonnance du mois de Juillet 1681. sera executé selon sa forme & teneur ; en consequence, casse une Sentence du Lieutenant de la Justice Seigneuriale de Vouzy du 2 Juillet 1729. décharge le nommé Roussel, Receveur des Aydes du Département de Germinon, Election de Châlons, du payement de la somme de quatre-vingt livres de provision prononcée par icelle au profit de Charles Charpentier, & qu'en cas que ledit Roussel ait été contraint d'en faire le payement, elle lui sera restituée, à ce faire ledit Charpentier contraint par toutes voyes, même par corps, fait défenses audit Lieutenant de ladite Justice de Vouzy, & à tous autres Juges de Seigneurs de rendre de pareilles Sentences, sous les peines portées par ledit Article XXXV. dudit Titre Commun pour toutes les Fermes de ladite Ordonnance de 1681. & que l'instruction extraordinaire du Procès commencée devant les Officiers de ladite Election de Châlons, y sera continuée en la maniere accoûtumée, &c.

Du

Du 26 Juillet 1729.

* Arrest du Conseil, qui supprime dans les Villes & Communautés y dénommées de l'Appanage de Monsieur le Duc d'Orleans le Titre des Offices de Receveurs & Controlleurs des deniers d'Octrois créés par Edit du mois de Juin 1725. & réünit les Fonctions, Droits, Taxations, Emolumens & Privileges, à compter du premier Janvier 1729. aux Corps & Communautés ; & ordonne que les sommes portées au present Arrest pour la finance de ladite réünion, seront imposés sur les Contribuables, suivant les repartitions qui en seront faites par les Sieurs Intendans au Marc la livre de la Capitation ou de la Taille, suivant que les Droits ont lieu, & ordonne en outre l'Imposition d'un sol pour livre de remise desdites sommes, qui sera partagée par tiers entre les Collecteurs, Receveurs des Tailles & Receveurs Generaux des Finances, &c.

Du 29 Juillet 1729.

ſ Arrest de la Cour des Comptes, Aydes & Finances de Roüen, qui infirme une Sentence des Elûs de Bernay, du 10 Avril 1728. en ce que contre la disposition des Lettres Patentes du 7 Juin 1727. elle avoit déchargé avec dommages, interests & dépens François Betend, Marchand de la Ville dudit Bernay, de rapporter le Certificat de décharge à la destination d'un demi poinçon d'Eau de Vie contenu en sa Soumission du 19 Septembre audit an, sous pretexte de ce que M. le Marquis de Prie, auquel il l'avoit vendu, étoit demeurant à Courbepine, Paroisse dépendante de ladite Election ; & en consequence, ordonne qu'il sera passé outre à la vente des choses saisies sur ledit Betend avec dépens, &c.

Du 9 Aoust 1729.

Arrest du Conseil, qui maintient Jean Laumier, Fermier

D

des Droits qui se perçoivent sur les Bois ouvrés à bâtir &
de Sciage, Charonnage, & autres entrans dans la Ville,
Fauxbourgs & Banlieuë de Paris dans la perception desdits
Droits, conformément à l'Ordonnance du mois de Juin
1680. aux Tarifs arrêtés audit Conseil, Arrests rendus en
conséquence, & notamment à celui du 18 Novembre 1727.
& cependant du consentement dudit Laumier, décharge
du payement desdits Droits les échalats de vignes, terilla-
ges & cerceaux qui se consomment dans ladite Banlieuë,
non compris ceux qui entreront dans Paris & les Fauxbourgs,
sans que pour raison de ce ledit Laumier puisse prétendre
aucune indemnité, &c.

Du 9 Aoust 1729.

* Arrest du Conseil, qui casse huit Sentences renduës par
les Officiers de l'Election de Bayeux, par lesquelles ils avoient
declaré les Procès verbaux des Commis nuls & déchargé les
fraudeurs, parce que; des uns, le double n'en pas été depo-
sé en leur Greffe dans la quinzaine du jour qu'ils avoient
été rendus; des autres, parce que le dépôt de ce double
n'avoit point été fait avant la signification avec Assignation;
d'autres encore, parce que les Commis n'avoient point dé-
posé le double de leurdit Procès verbal au Greffe lors & au
temps de l'affirmation, & qu'ils n'avoient point fait mention
dans leur Procès verbal de leur residence autrement que par
l'expression generale (residant à Caën) d'autres purement
& simplement, sans expliquer dans leur Sentence les nulli-
sur lesquelles ils fondoient la décharge par eux prononcée;
& d'autres enfin par lesquelles ils avoient mal-à-propos mo-
deré les amendes & confiscations; leur enjoint de se con-
former dans leurs Jugemens aux Ordonnances de 1680 &
1681. & à la Declaration du 17 Fevrier 1688. leur défend
de donner aux Parties plus grands délais que ceux portés par
ladite Declaration, à peine de répondre en leurs propres &
privés noms des dommages & interests des Fermiers, &
condamne les fraudeurs aux amendes & confiscations portées par les Ordonnances, &c,

Du 16 Aoust 1729.

* Arrest du Conseil, qui deboute les nommés Edme Jobert & Claude Fagot, Marchands de Vin & Bourgeois de Paris, de leurs demandes enserées en leurs Requestes, rendantes à ce que l'excedent des Droits qu'ils ont payé en qualitée Marchands pour les Vins de leurs crûs, & qu'ils ont fait venir à Paris pour leur provision pendant les années 1727. & 1728. dont les Droits ont été payés en entier, montant pour ledit excedent à cinquante livres pour chacun d'eux, leur sera rendu & restitué ; & ordonne que celui du 20 Mai 1722. sera executé selon sa forme & teneur, &c.

Du 20 Aoust 1729.

* Sentence de la Chambre du Domaine, qui condamne le Sieur Plantier, Pourvoyeur de la Grande Ecurie du Roy à payer les Droits de Domaine & Barrage de vingt-sept mille cent bottes de Foin venuës par eau & declarées en passe debout par Paris, & qui y ont séjourné plus de trois jours francs, &c.

Du 6 Septembre 1729.

* Arrest du Conseil, qui défend aux Marchands de Bois à brûler de la Ville, Fauxbourgs & Banlieué de Paris, de triquer les Bois dans leurs Chantiers pour vendre séparément & à un prix plus haut qu'à l'ordinaire les morceaux de Bois triqués & vendus pour Rays, & de deux cens livres d'amende : Et attendu la difficulté qu'il y a de surprendre lesdites Marchands lorsqu'ils vendent lesdits Bois triqués, permet au Fermier des Droits sur les Bois quarrés à bâtir, de Sciage, Charonnage & autres, de les enlever par preference en les payant au prix ordinaire du Bois à brûler, à la charge par le Fermier de ne se servir desdits Bois que pour être brûlés, &c.

FIN.